I0215270

L6 ⁴² 717

L'ESPRIT

ET

LE VOEU DES FRANÇAIS.

En l'an 7, (1799.)

PARIS,
DE L'IMPRIMERIE DE HOCQUET,
RUE DU FAUBOURG MONTMARTRE, N°. 4.

1814.

« Nous dénonçons aux autorités publiques une bro-
» chure infernale, ayant pour titre : *l'Esprit et le Vœu*
» *des Français ;* cette brochure, imprimée à Paris, est
» semée partout avec profusion; elle prêche, d'une
» manière audacieuse, le retour de la royauté, elle
» promet le pardon à ceux qui, quoique coupables, se
» détacheront ostensiblement de la cause de la liberté ;
» chaque ligne de ce libelle est un blasphême contre
» la république.

» Infâme écrivain ! nous ne voulons point de ton
» pardon, nous ne voulons pas plus te pardonner, toi
» ni les tiens, etc. » (*L'Ami des Lois, du* 17 *thermidor, an* 7, 6 *août* 1799.)

Tous les autres Journaux firent éclater les mêmes fureurs.

A MONSEIGNEUR
DE BARENTIN,
CHANCELIER HONORAIRE DE FRANCE.

M̲onseigneur,

En voulant rappeler parmi nous, la religion, la morale de nos ancêtres, mes regards se portaient sans cesse sur vous, sur votre illustre famille.

Il était naturel que mes yeux fussent frapés du modèle vivant des vertus que j'entreprenais de célébrer.

Je fus donc, Monseigneur, entraîné par mon sujet même, à vous dédier *l'Esprit et le Vœu des Français*, et j'espérai que Votre Grandeur daignerait agréer ce faible ouvrage, par la pureté des sentimens qu'il respire.

Combien sont heureux ! combien ont à bénir leurs parens, ceux qui en reçurent ces principes immuables de la fidélité qu'on doit au Gouvernement !

Dans la monarchie, cette fidélité ne se

borne pas à un dévouement absolu au service du Monarque, elle nous inspire encore un amour sans bornes, pour sa personne sacrée.

Ces sentimens se confondent, ne font qu'un, dans l'âme de l'homme de bien, affections de nos pères! c'est à vous qu'il faut revenir, c'est sur vous que reposent la stabilité du trône, la tranquillité et le bonheur des sujets.

C'est vous qui leur donnez ces idées fixes, ces salutaires penchans, d'après lesquels, le fils aime la profession de son père, est content du sort qui lui fut assigné par la Providence, n'aspire qu'à devenir bon époux, bon père à son tour, et ne fonde la prospérité de sa famille, que sur l'accomplissement de ses devoirs, l'ordre dans sa maison, la sagesse de sa conduite.

Une grande partie de la génération actuelle ne les connaissait pas, ces heureuses affections, il fallait approcher de l'âge de cinquante ans, pour en avoir goûté le fruit, pour avoir vu ces chefs recommandables, les enseigner, les transmettre à leur famille, dans ces réunions touchantes qui priaient pour le Roi, pour ses jours, pour son bonheur, pour celui de son auguste race.

L'amour du Roi, qui dérive et participe de la religion envers Dieu, pensée dominante de nos pères, présidait à toutes leurs actions, les dirigeait, dans leurs entreprises, dans leurs relations sociales, dans l'établissement de leurs enfans, dans leurs intérêts les plus chers.

Il était aussi la lumière, éclairant, même la classe la plus obscure, pour juger, souvent avec une profondeur admirable, des événemens politiques qui étaient si loin d'elle, et paraissaient si supérieurs à ses conceptions.

C'est l'amour du Roi qui fit naître, que respire *l'Esprit et le Vœu des Français*, cette production parut à une époque bien intéressante

C'était celle des triomphes de *Zuwarow*, le héros avait reçu de son auguste Maître, une instruction très-simple ; *vous irez rétablir le trône de France, et vous reviendrez.*

Nous vîmes l'heure où cette mission sacrée allait être remplie ! Dieu que de maux eussent été épargnée à l'Europe ! Nous crûmes salut du peuple Français, malgré les efforts de la faction qui le tenait enchaîné.

Ils étaient les mêmes que ceux qui ont été renversés par la Providence, au temps marqué dans ses jugemens impénétrables, et les rapprochemens sont tels, qu'il semble souvent que nous ayons écrit, alors, l'histoire de ce qui vient de se passer sous nos yeux.

Mais ce qui fait, oh ! mes compagnons fidèles (1) vous qui dirigeâtes ma plume,

_____

(1) Un grand nombre de personnes de toutes les classes étaient instruites, celles qui, comme je l'ai dit, dirigèrent ma plume, les imprimeurs, distributeurs, soit au-dedans, soit au-dehors, plusieurs furent arrêtées, mais pas une indiscrétion, pas un moment de faiblesse, et voilà ce que peut l'amour du Roi!

La persécution fut horrible, tous les exemplaires furent mis au pilon, ou brûlés, je n'en connaissais pas, lorsque le 25 avril dernier, j'imprimai *l'Esprit et le Vœu des Français*, sur la constitution.

Un homme, dont le nom seul est un éloge, M. *le comte Charles de Juigné*, vient de me donner celui qu'il avait conservé, dans son château de *Fontaine Lavagane.*

ce qui fait notre gloire, c'est d'avoir bien connu le cœur royal, nous osâmes parler en son nom, nous annonçâmes aux Français, ses inviolables principes, sa profonde justice, sa constante modération, son inaltérable bonté, ses divines vertus.

Ce tableau, ce cri du cœur, VENEZ FAMILLE D'HENRI IV, excitèrent le plus vif enthousiasme, les journaux du tems en renferment la preuve, et nous avons le bonheur de rappeler, en ce moment, un souvenir glorieux, et de rendre un juste hommage à la nation.

Elle jouit de son Roi! tous les Français éprouvent aujourd'hui l'amour de sa personne sacrée! qu'il soit toujours leur guide, il leur fera connaître les devoirs, les sacrifices que commandent l'intérêt de l'état, le salut de la patrie, il inspirera l'union de tous les cœurs dans le cœur royal.

L'amour du Roi, supérieur à tout intérêt personnel, noble dans ses vues, pur dans son essence, élève l'homme loin de l'asservir, produit en lui cette honorable liberté, cette sainte indépendance qui le portent à faire *aimer et respecter l'autorité du Roi*, sans jamais chercher à l'étendre, à conserver sa puissance, sans travailler à l'accroître.

A ne proposer jamais au Roi que ce qui paraît juste, à ce que le désir même de lui plaire, fasse place à celui de le servir, à ne lui conseiller que ce qui peut le conduire à la seule gloire qu'il ambitionne, celle de rendre ses peuples heureux (1).

Ces paroles dignes du règne de LOUIS LE DÉSIRÉ, ont été prononcées par une bouche de votre famille. Vous voyez, MONSEIGNEUR, que tout devait ici vous appartenir.

Je suis avec un très-profond respect,

MONSEIGNEUR,

De votre grandeur.

Le très-humble et très-obéissant serviteur,

DIDIER.

---

(1) Discours de Monseigneur le Chancelier *Dambray*, à la prestation de serment du Conseil d'État, le 3 août 1814.

L'ESPRIT ET LE VOEU

DES

FRANÇAIS.

> Que celui qui sera sans péché
> jette la première pierre.

Jamais leçon plus grande, plus utile ne fut donnée aux hommes, jamais il n'en fut de plus applicable à l'état où se trouve, en ce moment, le Peuple Français.

Une révolution cruelle l'agite depuis dix ans, son cours n'a été signalé que par des événemens imprévus, par des crises extraordinaires qui ont déjoué toutes les combinaisons humaines; elle n'a produit que des désastres; c'est un monstre qui se nourrit de sang humain. Elle dévore amis et ennemis, ceux qui la servent plus sûrement encore que ceux qui lui résistent, et s'il est un point de son avenir qu'on puisse prédire, c'est que ses héros deviendront inévitablement ses victimes (1).

Cette effroyable subversion a brisé tous les liens sociaux, elle a altéré les premiers principes, corrompu les opinions, bouleversé les fortunes, divisé les intérêts, dénaturé les affections.

Il était naturel de croire que tant de maux guériraient l'aveuglement ; ils ne firent que l'augmenter encore, en trompant le peuple sur le retour à l'ordre qui seul pouvait le sauver, en le lui présentant, comme une source de dangers et de calamités, les factieux le conduisirent d'excès en excès, d'abîme en abîme, pour le plonger enfin dans le gouffre qui est prêt à l'engloutir.

Dans cette épouvantable catastrophe, au milieu de cette horrible tempête, il est tems d'imposer silence à nos passions, de faire trève à nos fureurs, de reconnaître les maux qu'elles nous ont faits, et de rechercher enfin les moyens d'y mettre un terme.

---

(1) On n'a cessé de la comparer à *Saturne* dévorant ses enfans. Cette comparaison est si exacte, qu'on ne saurait trop la répéter.

Que produirait la révolution si elle devait durer encore? Serait-il possible qu'elle changeât de nature? pourrait-elle donner d'autres fruits? Non... Elle porterait ceux qu'elle a portés jusqu'à présent: des contributions excessives, des taxes arbitraires, des conscriptions barbares (1), la ruine du commerce, des haines, des proscriptions, le pillage, l'anarchie, la guerre, la famine, la dissolution, le désespoir et la mort.

Et c'est pour le soutien de cette révolution, pour qu'elle comble la mesure des maux qu'elle entraîne, que les usurpateurs (2) ne craignent

---

(1) La réquisition prend sept années, la conscription trois, parce que deux de celle-ci se confondent avec la première. Ainsi tous les hommes nés dans l'intervalle déterminé de dix ans ont péri ou sont dévoués. Quelle désolation! On recule d'effroi!

(2) Par ce mot, comme par celui de *factieux*, de *tyrans* que nous emploierons dans la suite, c'est la chose, et non les personnes que nous entendons attaquer. Haine, haine implacable, à l'*usurpation*, aux *factions*, à la *tyrannie*; mais indulgence pour ceux *qui en sont* ou *qui paraissent en être* les instrumens. Surtout, point de proscription de partis, point de confusion des individus. Accueil sincère à tous ceux qui reviennent. Ces sentimens doivent être gravés dans tous les cœurs.

pas de nous demander de nouveaux efforts, de nouveaux sacrifices! Uniquement occupés de leur salut personnel, ils ne proclament que *craintes, dangers, allarmes.*

Nous laisserions-nous donc encore séduire par ces perfides déclamations? Pourrions-nous confondre nos intérêts avec ceux de nos tyrans, et la destinée du peuple français serait-elle de s'immoler toujours pour le triomphe du crime? Eclairés enfin par la plus cruelle expérience, ne devons-nous pas mépriser de vaines clameurs, repousser les perfides conseils qui nous perdirent, pour n'écouter que la voix des *gens de bien* qui peut seule nous sauver.

Ils nous parlent au nom de ce qu'il y a de plus sacré, au nom de la religion qui fit le bonheur de nos pères. C'est dans les préceptes divins, c'est (le moment approche où il ne sera plus permis d'en douter) c'est dans le cœur royal qu'ils puisent tous les sentimens dont ils sont animés.

Que celui qui voudrait juger les autres se juge d'abord lui-même. Quel est l'homme qui pourrait se dire sans reproches? Quel est le mortel qui voudrait être plus sévère qu'un Dieu tout puissant que nous avons comblé d'outrages ? quel est le français qui oserait nourrir le ressentiment dans son âme, quand celle de son Roi ne respire que pardon et amour (1) ?

---

(1) Que les tyrans veuillent épouvanter les Français, qu'ils ne cessent de répéter que quiconque aurait servi la révolution, occupé une place, sera criminel et puni, c'est un système dont on devine aisément l'objet. Mais parviendront-ils à convaincre ? Les hommes raisonnables se laisseront-ils, comme des enfans, effrayer par des fantômes, et réussira-t-on à faire *peur* à toute une nation de quelques milliers de généreux infortunés qui, après avoir parcouru tous les dégrés du malheur, n'aspirent qu'à rentrer dans leur patrie, qu'à la voir en paix et heureuse, pour y vivre sous la protection des lois ?

Non, il n'y aura plus de *proscrits;* non-seulement on ne le sera point pour avoir occupé des places, mais encore le Gouvernement distinguera, recherchera tous ceux qui les auront remplies avec sagesse, qui auront eu le bonheur d'épargner quelques maux à leurs concitoyens, qui se seront signalés par la modération qui accompagne toujours le vrai courage. Les factions ne s'occupent jamais que des personnes, un Gouvernement qui voudra être durable ne verra que les choses ; il saura que c'est bien plus à la révolution qu'aux hommes que doivent être at-

Ainsi, lorsque nos tyrans ne nous commandent que des crimes, lorsqu'ils font retentir la France entière des cris funèbres de guerre et de vengeance, les vrais amis du peuple le rappellent à l'union, à la vertu, et lui offrent la paix et le bonheur.

Serait-il donc possible de délibérer encore? entre le bien et le mal, la vie et la mort, le choix pourrait-il être douteux?

Ne croyons pas surtout que ce choix pût influer sur les décrets de la Providence; la résistance de quelques cœurs corrompus ne saurait être un obstacle à ses desseins. Si le nombre des justes à été jugé suffisant, si la France a trouvé grace auprès du Dieu de clé-

---

tribués, les malheurs de la France; c'est son génie infernal qui la fit triompher par la plus faible minorité; encore aujourd'hui il est constant que c'est la minorité qui domine. Ce n'est pas que nous voulions justifier les faibles; au contraire, pourquoi veulent-ils se confondre avec les coupables? pourquoi ceux qui reconnaissent leur erreur ne se montrent-ils pas? Combien il leur est facile aujourd'hui de réparer des torts! chaque jour leur offre des moyens d'assurer leurs destinées, de les rendre heureuses. Qu'ils ne se laissent donc plus entraîner à leur perte; qu'ils se séparent!

mence, si tant d'augustes victimes ont obtenu son pardon, elle ne périra pas : la punition est venue *d'en haut*, le salut viendra de même. Il n'est pas en notre puissance d'empêcher la fin de la révolution, pas plus qu'il le fut de prévoir et d'arrêter ses progrès. Aujourd'hui qu'ils nous sont connus; nous les appelons encore des miracles : nous appellerons du même nom les événemens qui nous auront rendu nos autels, notre Roi, le bonheur qui ne peut exister que par eux.

Consultons l'expérience, que le passé nous éclaire : aurions-nous besoin d'autres preuves que celles qui sont sous nos yeux ? Nous faudrait-il d'autres exemples que ceux qui nous sont donnés ?

Lorsque la Providence permet le triomphe du crime pour le châtiment des peuples, elle leur apprend en même tems à remettre leur destinée en ses mains et à ne jamais désespérer de son appui.

Il n'y a qu'un moment que la révolution française menaçait l'humanité entière; tous les efforts faits pour la détruire n'avaient servi qu'à l'affermir, chaque jour lui offrait de nouveaux triomphes, elle avait étendu au loin ses conquêtes, sa puissance paraissait établie sur des bases inébranlables, la gloire de ses héros était à son comble, ils se croyaient appelés à régir l'Univers.

C'était l'époque marquée de leur chûte.

On s'étonne sans cesse, des erreurs monstrueuses dans lesquelles ils sont tombés, des fautes inconcevables qu'ils ont commises ; l'histoire devrait avoir appris que ces erreurs, ces fautes sont le fruit inévitable de l'aveuglement qui fut toujours la première peine du crime; comment le crime triomphant pourrait-il croire que la vertu, la justice toujours vaincues, doivent reprendre leur empire ? Comment pourrait-il craindre un Dieu vengeur qu'il brava tant de fois avec impunité?

Avec quel dédain nos tyrans considéraient les efforts réunis des Rois pour la plus sacrée des causes! avec quelle présomptueuse audace ils donnèrent eux-mêmes le signal des combats, et ne craignirent pas de rendre à l'Europe le terrible fléau de la guerre.

Ils ne purent croire aux premiers revers,

une défaite leur paraissait impossible ; mais quel changement s'opère ! deux mois sont à peine passés que ce colosse effrayant de puissance s'écroule de toutes parts, et ceux qui dictaient des lois au monde se voyent tout-à-coup, sans hommes, sans armes, sans argent, sans crédit, sans ressources.

C'est dans ce moment qu'ils appellent la nation française à les défendre : méritent-ils donc sa confiance ? et d'abord est-ce pour ses intérêts, est-ce pour les leurs propres qu'ils agissent maintenant.

Qu'ont-ils fait pour eux-mêmes ? qu'ont-ils fait pour le peuple ?

Pour eux, ils ont usurpé la puissance qui leur a servi à se partager les dépouilles des Français, ils ont volé le trésor public ; pas un marché désastreux pour la nation dans lequel ils n'ayent une part, pas un genre de concussion, de péculat auquel ils soient étrangers. Ils se sont emparés de toutes les places lucratives, et le moment où des pères de famille, rentiers de l'état, se donnaient la mort pour se soustraire à la faim et échapper à l'opprobre, est celui où l'on a vu doubler des salaires. Ils ont acquis des richesses immenses, des fortunes scandaleuses, et se sont livrés à tous les excès que les passions les plus honteuses, la débauche la plus effrénée étaient capables de produire.

Pour le peuple, ils n'ont cessé de le tromper; parlant toujours de sa souveraineté, de ses droits, de ses intérêts, ils l'ont enchaîné, pillé, emprisonné, égorgé; ils *ont dépensé*(1) le dixième de cette génération à laquelle ils n'ont laissé que des conscriptions, la guerre, la famine (2), la fureur des partis, les massacres, l'inquiétude, le désespoir et les échafauds.

---

(1) *Nous avons encore six cent mille hommes à dépenser.* Ces paroles ont été prononcées à la tribune des 500.

(2) Dans le combat du 15 prairial, le général Chérin tombe à coups de sabre sur un bataillon qui reculait. « Pourquoi nous frappez-vous, lui disent ces malheureux? » avons-nous jamais eu besoin d'être battus pour aller au » feu? Mais comment voulez-vous que nous ayons le » courage de la victoire? *Il y a trois jours que nous* » *n'avons pas mangé.* »

Souvent les usurpateurs se sont disputés la puissance ; chaque crise n'a fait que des victimes ; chaque réaction a eu ses assassinats, ses horreurs, et cette lutte continuelle des factions n'aura pas d'autres résultats, jusqu'à ce qu'enfin la nation trop malheureuse *se repose dans le gouvernement qu'elle avait proscrit.*

Son opinion est maintenant formée, ses vœux sont connus ; et que lui disent les usurpateurs qui puisse les faire changer ?

Ils lui disent : Va, voles te faire immoler pour nous défendre. Déjà des milliers d'hommes ont péri : et qu'importe qu'il en périsse encore pourvu que nous conservions notre puissance, nos places, nos traitemens, nos richesses ? Gardes-toi, peuple misérable, d'interroger ta conscience, de consulter ton in-

---

En lisant ce passage de l'histoire, la postérité sera saisie d'horreur, et si elle fait un rapprochement bien simple, si elle observe que, dans le même moment, Paris était plein de fêtes, de réjouissances, elle se dira : les hommes que l'on traitait ainsi n'étaient donc pas Français, où il n'y avait plus de pères, de mères, de fils, de frères, de sœurs, il n'y avait plus de familles en France !

térêt, ton bonheur, tes devoirs; gardes-toi d'entendre les cris plaintifs des pères, des mères, des enfans désolés; fais taire tous les sentimens de la nature; meurs : pourvu que nous vivions, cela doit te suffire.

Il n'est plus que nos tyrans ou leurs complices qui osent le nier : tel est leur esprit, tel est le véritable sens des paaoles qu'ils nous adressent : ils nous y donnent encore la mesure de leur génie, nous y voyons le caractère de l'ignorance, de l'aveuglement et de l'impéritie dont ils nous ont fourni tant de preuves. Ne pouvant franchir les limites tracées par le crime à leur intelligence, ils ne sauraient s'élever jusques à concevoir l'alliance généreuse de Puissances rivales pour relever nos autels et rétablir le trône français, tandis que les hommes de bonne foi, guidés par la connaissance de l'histoire éclairés par l'expérience et le sentiment de cet Être-Suprême dont les factieux, dans leur délire, voulurent bien une fois reconnaître et proclamer l'existence, ne voyent au contraire dans cette union que la puissacce du Dieu qui commande aux empires, et préside à leurs destinées.

C'est dans nos faibles mains que les obstacles

se présentent, que les moyens se heurtent. Tout s'applanit dans celles de la Providence. Les difficultés se lèvent, et les voies les plus contraires concourent à la fin qu'elle s'était proposée.

Si ces grandes vérités nous touchent, nous ne craindrons plus le déchirement de l'Empire, l'usurpation de notre territoire. Quelle est celle de nos provinces que pourrait ambitionner le Croissant? Quelle est celle qui pourrait convenir à l'empereur de Russie, qui occupe une si grande place dans la coalition? Pour l'Autriche, c'est sans doute avec des efforts, et une constance héroïques qu'elle a soutenu le poids de la guerre : mais qui ignore que, loin de vouloir aggrandir sa puissance par des conquêtes lointaines, elle n'a, depuis long-tems, d'autres vues que celles de réunir et de concentrer ses domaines ? Qui ignore que depuis plus de deux siècles, c'est sur l'Italie que se porte son ambition politique, qu'elle travaille surtout à devenir puissance maritime, et que son esprit est tel qu'il y avait à Vienne un grand parti qui soutenait que la possession de la Belgique était plus onéreuse qu'utile à la maison d'Autriche?

Et l'Angleterre qu'on accuse d'avoir formé la coalition, l'Angleterre qui donne des subsides, quel est son intérêt politique ? C'est une maxime triviale chez elle, *que qui est maître de la mer est maître de la terre.* Grace aux fautes, à l'ignorance, à la perfidie de nos usurpateurs, cette domination lui est acquise aujourd'hui sans partage. Mais ce peuple est trop jaloux du maintien de sa constitution, il connait trop bien ses vrais intérêts pour vouloir rien de plus ; il ne desire que de jouir; il sacrifiera tout pour faire cesser en Europe cette anarchie qui trouble sa jouissance, et qui finirait par le dévorer à son tour.

Non, ce n'est point pour un partage impossible et qui les perdrait tous, que les Rois ont formé cette union que la Providence a daigné protéger, parce qu'elle pénètre le fond des cœurs, et qu'elle juge les intentions, c'est pour rétablir la civilisation de l'Europe, c'est pour raffermir tous les trônes ébranlés par nos fureurs, c'est pour mettre un terme au carnage et à la désolation des peuples que les puissances de la terre ont formé la ligue, la plus juste, la plus légitime, la plus nécessaire, puisqu'elle a le salut de l'Europe pour objet.

Non, ce n'est point le *Croissant*, l'*Aigle*, ni le *Léopard* qu'elles viennent arborer au milieu de nous; ce sont nos *lys* qu'elles veulent nous rendre, et le premier, le plus digne acte de notre reconnaissance à offrir au vainqueur sera de prêter à ses yeux le serment de fidélité à notre Roi légitime (1).

---

(1) Les fauteurs de la Révolution ne cessent de revenir sur le passé, d'accuser les Cabinets étrangers de perfidie, de trahison; suivant eux, il est impossible que les Rois de l'Europe veuillent le rétablissement de la Monarchie : la république a d'ailleurs développé de si grands moyens, elle triomphera toujours, elle est impérissable.

Il y a trois mois qu'on ne croyait pas en France à la possibilité d'un revers, et aujourd'hui... Le crime n'est pas toujours heureux. Lisons, lisons l'histoire des nations, et le passé va nous donner les plus justes espérances, les Royalistes toujours vaincus, opprimés, exterminés, finissent par triompher; la Providence put vouloir que l'Europe entière fût trompée sur cette épouvantable Révolution, et qu'elle n'en prévît pas toutes les suites; mais cette erreur subsiste-t-elle encore aujourd'hui? La république n'a eu besoin pour triompher que d'abuser des moyens de la Monarchie; pendant qu'elle consommait toutes les richesses accumulées par l'ancien Gouvernement, elle avait la force, l'opulence et l'audace d'un dissipateur : elle a maintenant la misère, le découragement, le désespoir qui accompagnent la *banqueroute*. Tant que

Nous l'avons prononcé, c'est le vœu le plus ardent des Français, le plus cher à leur cœur, et cet élan de toutes les ames ne sera pas arrêté par des terreurs simulées, par de fausses allarmes.

Ils se mentent à eux-mêmes ceux qui nous disent « que le but de la coalition est de rap-
» peller en Europe, l'antique barbarie, de
» détruire toutes les lumières, d'effacer tous
» les monumens, de bannir tous les senti-
» mens généreux, d'évoquer tous les pré-
» jugés ».

---

dura le délire populaire, la république eut la force d'un fou contre un homme raisonnable : aujourd'hui, épuisée par ses crises, elle a la faiblesse et l'abattement qui leur succèdent toujours. Rien dans le monde ne pourrait plus tromper le peuple; il réduit la révolution à des termes bien simples, on lui avait promis qu'il serait soulagé d'impôts, et il sait bien qu'il paye beaucoup plus qu'auparavant. On lui avait promis la liberté, l'égalité, le bonheur, et il connait le sens, la valeur exacte de ces grands mots; il frémit maintenant chaque fois que ses gouvernans jurent de le sauver, il sait ce qu'il a recueilli. La révolution a éprouvé les périodes des choses humaines; elle en est au dernier, elle est finie, de fait, presque partout où nous l'avions portée; elle l'est d'avance dans le cœur des Français.

Depuis long-tems ils trompent le peuple avec impunité; mais ont-ils pu compter à ce point sur le délire? et comment n'ont-ils pas craint que l'Europe n'appellât de leurs calomnies à l'expérience même des faits qui se sont passés sous nos yeux?

Quel était l'état de la France et de l'Europe avant la révolution, et quelle est leur situation actuelle?

La France jouissait de la paix au dehors, l'ordre et la tranquillité régnaient dans l'intérieur; l'agriculture, première source de la richesse des nations, acquérait de jour en jour une grande prospérité, le prix des immeubles augmentait progressivement, l'intérêt de l'argent était modique, le commerce florissant, et chaque année, la balance avec l'étranger s'améliorait à notre avantage; la la sûreté publique était entière, une marine régénérée, et mise sur un pied respectable, l'industrie portée au plus haut degré; une richesse en établissemens publics, objets de l'envie et de l'admiration du monde entier; les sciences et les arts protégés, honorés, encouragés; des mœurs douces, et une politesse qui nous faisait chérir des autres peuples; une grande prépondérance en Europe; enfin une population immense augmentant d'une manière prodigieuse, signe invariable de l'excellence du gouvernement et du bonheur d'une nation.

Des abus qu'il était juste, mais facile de corriger, parurent alors des monstres. Et qu'étaient-ils réellement, si on les compare aux crimes, aux horreurs qui leur ont succédé?

Une anarchie épouvantable, des secousses continuelles, plus de religion, plus de morale, plus de sûreté de propriété, plus de commerce, plus de crédit; les biens du clergé, des émigrés, de leurs parens, ceux des communes, des hopitaux (1), tout est consommé; *corps et biens*, la France a tout perdu (2). Mais quels sont les auteurs de tant

---

(1) Des hôpitaux! les dépouilles du pauvre! il ne fut donc plus rien de sacré sur la terre!

(2) Et toutes nos RICHESSES mobiliaires! Hélas! pendant les temps les plus calamiteux de la Révolution, nos frontières étaient cernées par un cordon d'AGIOTEURS accourus pour profiter de notre misère et de nos désas-

de maux ? Quels sont ceux qui ont fait des lois de sang, crée des tribunaux révolutionnaires, consacré l'assassinat, imaginé des genres de mort, des massacres nouveaux, qui ont fait les deux *septembre*, *les noyades*, *les fusillades*, *les mitraillades* ? Malheureuse Vendée, villes de Lyon, Marseille, Toulon, Nantes, Strasbourg, Bordeaux, quels furent vos bourreaux ? quels sont ceux qui ont pillé, incendié, rasé vos maisons, égorgé les femmes et les enfans ?

Et l'Europe ! elle était en paix lorsque la même faction lui déclara la guerre, et celle-ci ne publia-t-elle pas hautement sa prétention d'envahir le monde entier ? n'a-t-elle pas porté la désolation chez tous ses voisins ? a-t-elle épargné ceux qui s'étaient prosternés devant elle, pour mériter sa bienveillance et ses faveurs ? n'est-ce pas elle qui a pillé, égorgé partout ses adversaires et souvent ses complices ? n'avoue-t-elle pas tous les jours ses

---

tres. Les républiques de *Gênes*, de *Venise*, l'*Italie*, la *Suisse*, *Genève*, ont payé bien cher le *lucre* que quelques-uns de leurs habitans pouvaient avoir calculé sur les malheurs de la France !

forfaits, et ne vient-elle pas encore de revendiquer celui d'avoir fait massacrer ses ministres à Rastadt?

Oui, les nations étrangères seraient injustes envers la nation française, si elles la chargeaient elle-même de tant de crimes, si elles pouvaient vouloir lui en faire supporter la peine.

Mais elles savent qu'elle eut toujours ces forfaits en horreur, et qu'elle en fut la première et la plus cruelle victime : aussi qu'ont fait les armées de *barbares*, victorieuses depuis trois mois? Voyons leurs traités, lisons leurs capitulations, suivons leur conduite *à Brescia, Peschiera, Milan, Ferrare, Tortone, Turin, Saint-Gall, Fraumfeld, Vinterthur, Zurich;* interrogers ces milliers de Français qui leur doivent la liberté ; faites parler la Suisse et l'Italie.

Rappeler l'ordre et la paix, combler le vœu des peuples, en leur rendant leur gouvernement légitime; partout restaurer, consoler; partout la bravoure et la victoire consacrées par la plus héroïque modération et la plus touchante humanité (1).

Tel est le tableau dont l'Europe entière connait, dont elle atteste la fidélité,

Et vous dont elle honore le malheur, et les vertus! vous, pour qui la coupe de la douleur a été remplie, et qui ne connûtes qu'un sentiment au-dessus d'elle, celui de votre amour pour les Français! l'adversité (2) qui fit les grands hommes épuisa sur vous ses rigueurs ; vous en avez triomphé par votre constance et votre sagesse, et nous leur devrons la fin des maux qui nous accablèrent.

---

(1) A Milan, le peuple avait saisi un misérable nommé *Ruscaty*, fameux par ses fureurs. Des dragons hongrois arrivent au galop, s'emparent de ce malheureux et lui sauvent la vie. De pareils traits honorent et consolent l'humanité. Braves Hongrois, c'est à vous qu'il appartient d'offrir au monde l'exemple d'une conduite aussi sublime. La nation qui prononça le *moriamur pro Mariâ-Theresiâ, rege nostro*, est digne de donner des leçons à tous les peuples.

(2) Ce n'est pas porter atteinte à la gloire de Charles V et d'Henri IV, de dire que, sans l'adversité, ils eussent été moins grands.

Vive le Roi! Vive notre bon Roi! Dieu tout puissant qui le protégez, daignez jetter sur nous un regard favorable. Si nous ne considérions que l'énormité de nos crimes, le désespoir s'emparerait de nos ames; mais votre bonté, votre clémence ne connaissent pas de bornes. Voyez la profondeur de l'abîme dans lequel nous sommes plongés; éclairez, touchez les Français, tous sont également atteints, menacés, vainqueurs ou vaincus, idoles ou proscrits, bourreaux ou victimes. La révolution est une *roue* que tourne à son gré le génie du mal; nous y sommes tous enchaînés, et tel dont l'orgueil se flatte d'être parvenu au sommet en sera bientôt précicipité par une secousse. Propriétaires, négocians, financiers, laboureurs, artisans, rentiers, capitalistes, militaires, Français, aucun de vous ne peut échapper à son malheur; l'heure peut, comme celle de celle de la mort, uous en être inconnue; mais elle n'est pas moins sûre, inévitable, prochaine, et an milieu de ce cahos, il n'est de salut que dans l'autorité légitime et tutélaire qui doit le faire cesser. Ecoutez ses premiers accens, ce sont ceux de la bonté, de la sollicitude paternelles,

Louis veille sur vous : nouvel Henri, il chérit, il pleure ses sujets rébelles, et s'écrie comme le meilleur des Rois : Epargnez les Français (1).

Venez, Famille de Henri IV ! vous appartenez à la France, elle vous réclame : votre présence rappelera dans son sein les vertus, la paix et le bonheur, elle réconciliera notre coupable patrie avec un Dieu trop justement irrité. La protection signalée qu'il accorda à cet empire, pendant tant de siècles, lui sera rendue, le sang cessera de couler, l'Europe n'aura plus à gémir sur de nouveaux malheurs, et les Français, choisis pour être le terrible instrument de la vengeance divine, abjureront à vos pieds toutes les passions, tous les ressentimens, toutes les haines : vous serez le lien sacré de leur union, et vous régnerez sur tous les cœurs.

---

(1) Pénétré de la douleur que lui fait éprouver l'égarement de ses sujets, notre Roi ne veut écouter que son amour pour eux. Son cœur magnanime franchit les distances qui nous séparent. Il écrit aux généraux chargés de mettre un terme à notre rébellion, et leur demanda d'*épargner le sang français*; c'est l'ame de son ayeul qui l'inspire : il ne peut, comme lui, commander; mais les prières d'un Roi malheureux sont des ordres pour les héros.

www.ingramcontent.com/pod-product-compliance
Lightning Source LLC
Chambersburg PA
CBHW060908050426
42453CB00010B/1599